돼지학교에 오신 것을 환영합니다!

백명식 글·그림

강화에서 태어나 서양화를 전공했습니다. 출판사 편집장을 지냈으며, 다양한 분야의 책과 사보, 잡지 등에 그림을 그리고 있습니다. 특히 어린이들이 좋아하는 책을 쓰고 그릴 때 가장 행복하다고 합니다. 그린 책으로는 《WHAT 왓? 자연과학편》《책 읽는 도깨비》《자연을 먹어요 시리즈》 등이 있으며, 쓰고 그린 책으로는 《인체과학 그림책 시리즈》《맛깔나는 책 시리즈》《저학년 스팀 스쿨 시리즈》 등이 있습니다. 소년한국일보 우수도서 일러스트상, 중앙광고대상, 서울일러스트상을 받았습니다.

이재열 감수

서울대학교 농생물학과를 졸업하고 독일 기센대학교에서 바이러스 연구로 박사학위를 받았습니다. 독일 막스 플랑크 생화학 연구소에서 박사 후 과정을 수료하고 지금은 경북대학교 생명과학부 교수로 연구하며 학생들을 가르치고 있습니다. 《보이지 않는 보물》《미생물의 세계》《우리 몸 미생물 이야기》《자연의 지배자들》 등 미생물과 바이러스에 관한 책을 펴냈습니다.

미생물을 먹은 돼지

백명식 글·그림 | 이재열 감수

1판 1쇄 2014년 5월 7일 | **1판 2쇄** 2015년 11월 13일
펴낸이 조기룡 | **펴낸곳** 내인생의책 | **등록번호** 제10호-2315호
주소 서울시 영등포구 당산동4가 80 SKV1 Center W1801호
전화 (02)335-0449, 335-0445(편집) | **팩스** (02)6499-1165
전자우편 bookinmylife@naver.com | **홈카페** http://cafe.naver.com/thebookinmylife
편집장 이은아 | **편집팀** 신인수 조정우 이다겸 김예지 | **디자인** 안나영 김지혜
마케팅 강보람 | **경영지원** 김지연 조하늘

ISBN 978-89-97980-96-3 74470
ISBN 978-89-97980-45-1 (세트)

ⓒ 백명식, 2014

책값은 뒤표지에 있습니다.
잘못된 책은 구입처에서 바꾸어 드립니다.

이 도서의 국립중앙도서관 출판시도서목록(CIP)은 e-CIP홈페이지(http://www.nl.go.kr/ecip)와
국가자료공동목록시스템(http://www.nl.go.kr/kolisnet)에서 이용하실 수 있습니다. (CIP제어번호: CIP2014013090)

얼마 전, 돼지 삼총사에게 새로운 친구가 생겼어.
도니의 옆집에 이사 온 아저씨야.
친절하고, 다정하고, 키도 크고 목소리도 멋있어.
그런데 딱 하나, 단점이 있어. 바로 지저분하다는 거야.
밥 먹기 전에도, 화장실 다녀와서도 손을 안 씻어.
손톱에는 때가 까맣고, 옷은 안 빨아서 꼬질꼬질해.
그래서 삼총사는 아저씨를 꼬질이 아저씨라고 부르기 시작했어.

화창한 어느 날, 삼총사가 꼬질이 아저씨 집에 놀러 갔어.
그런데 이게 웬일이야!
꼬질이 아저씨가 배를 움켜쥐고 데굴데굴 구르며 신음하고 있었어.
"아이고, 배야. 배가 너무 아파!"
삼총사는 깜짝 놀랐어.
"어떻게 해! 아저씨가 몹시 아픈가 봐."
데이지가 발을 동동 굴리는 사이, 도니가 재빨리 피그 박사님께 연락했어.
박사님은 바람같이 달려오셨지.
아저씨를 이리저리 진찰하시더니 금세 원인을 밝혀내셨어.
"식중독이야. 배 속에서 미생물들이 난리를 피우는구나."

도대체 무슨 일이냐?

꿀꿀 더 알아보기

아주 작은 미생물

미생물은 아주 작은 생물이에요. 너무 작아서 눈으로 볼 수 없어요. 흙 한 줌에도 수십에서 수백 억 마리의 미생물이 살고 있을 정도로 작지요.

아저씨는 화장실을 들락거리며 구토와 설사를 반복하다 지쳐 잠이 드셨어.

"약을 먹었으니 푹 자고 나면 괜찮아질 거다."

박사님 말씀에 삼총사는 마음을 놓으며 연구실로 갔어.

연구실 책상에는 멋진 현미경이 놓여 있었어.

데이지가 얼른 현미경 옆에 가서 물었어.

"박사님, 현미경으로는 뭘 보는 거예요?"

"미생물처럼 맨눈으로 보기 힘든 것을 보지. 그래, 이참에 미생물에 대해서 알아보자."

내가 만든 현미경이야.

레이우엔훅

물체 고정핀
조절나사
렌즈
높이 조절나사

꿀꿀 더 알아보기

처음으로 미생물을 관찰한 사람은?

최초로 미생물을 관찰한 사람은 네덜란드의 안톤 판 레이우엔훅이에요.
레이우엔훅은 현미경을 400개 넘게 만들었어요.
확대율은 50~300배에 달했지요.
레이우엔훅은 1673년에 세계 최초로 현미경으로 본 미생물 관찰 결과를 발표했어요.

"우리가 관찰할 미생물은 어디 있어요?"
도니가 현미경을 요리조리 살펴보며 물었어.
"미생물은 우리 주위 어디에서나 살고 있단다."
박사님은 시냇가에서 퍼 온 물과 마당에서 떠 온 흙을 주시며 말씀하셨어.
흙에도 꼬물꼬물, 시냇물에도 우글우글. 현미경으로 본 세상은 미생물 천지였어.
"엄마가 청소를 열심히 하시니까 우리 집에는 없을 거야."
꾸리가 으스대며 말했지만, 현미경을 들이댄 순간 모두 화들짝 놀라고 말았어.
바깥보다 더 많은 미생물이 득실거리고 있지 뭐야.

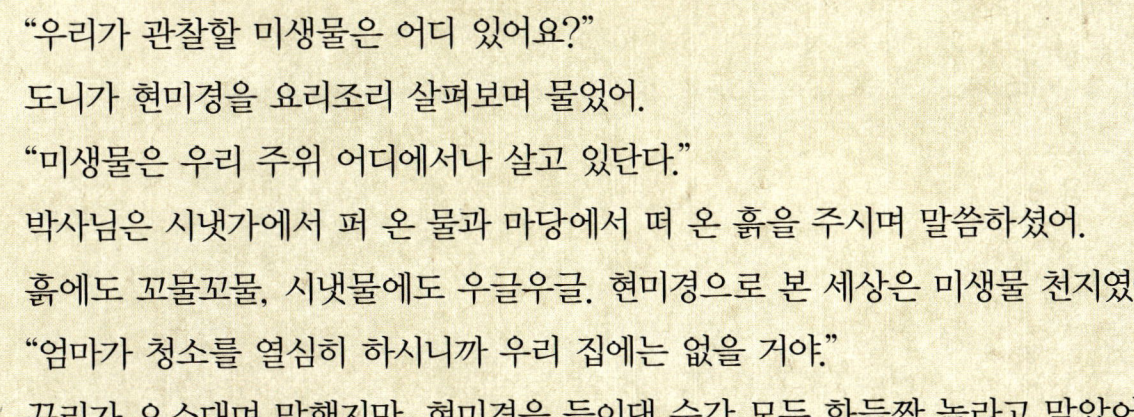

꿀꿀 더 알아보기

미생물은 어디에 있을까?

미생물은 어디든 있어요.
산과 바다, 공기, 땅속에도 있고,
우리 집, 우리의 피부와 몸속에도 있어요.
또 우리가 먹는 음식에도 있지요.
심지어 남극과 사막처럼 생명체가 도저히
살 수 없을 듯한 극한 환경에서도
산답니다.

미생물이 살지 않는 곳은 없단다.

현미경이 보여 주는 미생물의 생김새는 재미있었어.
막대기 모양, 둥근 모양, 나사 모양에 털이 달린 것까지 모양이 제각각이었어.
"몸은 오로지 하나고, 눈도 코도 다리도 없어. 줄기와 잎이 달린 것도 아니야.
동물도 아니고 식물도 아니라니. 도대체 미생물의 정체는 뭘까?"
데이지가 고개를 갸웃거렸어.
"우리를 아프게 하는 세균과 바이러스도 미생물이고,
맛있는 빵과 된장을 만드는 효모와 누룩곰팡이도 미생물이란다."
박사님이 현미경을 들여다보는 삼총사의 어깨너머로 말씀하셨어.

꿀꿀 더 알아보기

미생물에는 어떤 것이 있을까?
미생물의 종류는 정말 다양해요. 냇가나 연못에서 현미경으로 쉽게 관찰할 수 있는 아메바, 짚신벌레, 클로렐라 같은 원생생물도 미생물이고요. 항생제를 만들고 맛있는 발효 음식을 만드는 푸른곰팡이, 누룩곰팡이 같은 곰팡이도 미생물이에요. 우리를 아프게 하는 인플루엔자 바이러스, 콜레라균, 장티푸스균 같은 바이러스와 세균(박테리아)도 미생물이랍니다.

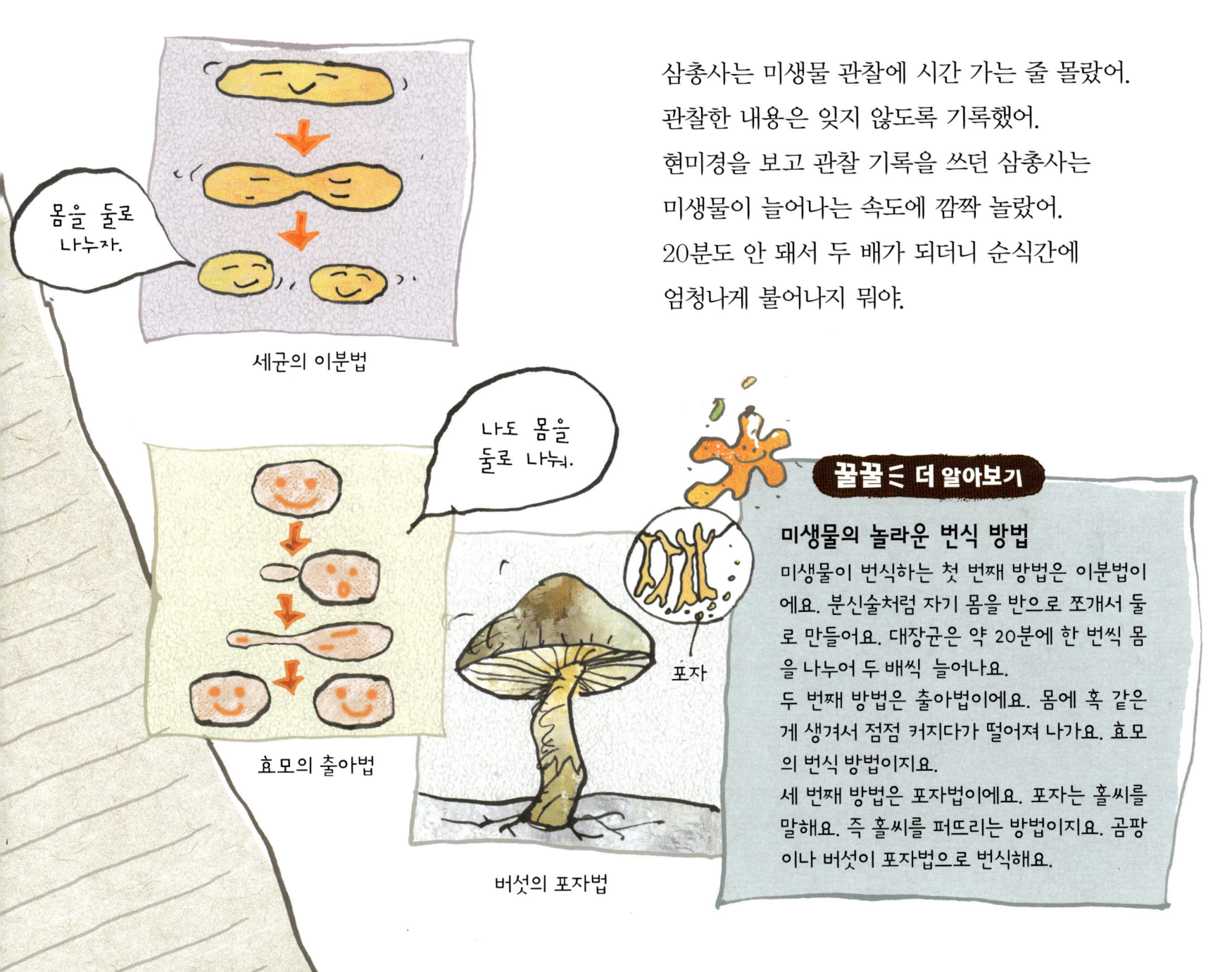

삼총사는 미생물 관찰에 시간 가는 줄 몰랐어.
관찰한 내용은 잊지 않도록 기록했어.
현미경을 보고 관찰 기록을 쓰던 삼총사는
미생물이 늘어나는 속도에 깜짝 놀랐어.
20분도 안 돼서 두 배가 되더니 순식간에
엄청나게 불어나지 뭐야.

꿀꿀 더 알아보기

미생물의 놀라운 번식 방법

미생물이 번식하는 첫 번째 방법은 이분법이에요. 분신술처럼 자기 몸을 반으로 쪼개서 둘로 만들어요. 대장균은 약 20분에 한 번씩 몸을 나누어 두 배씩 늘어나요.
두 번째 방법은 출아법이에요. 몸에 혹 같은 게 생겨서 점점 커지다가 떨어져 나가요. 효모의 번식 방법이지요.
세 번째 방법은 포자법이에요. 포자는 홀씨를 말해요. 즉 홀씨를 퍼뜨리는 방법이지요. 곰팡이나 버섯이 포자법으로 번식해요.

연필호는 축소기 레이저를 쬐고 미생물만큼 작아졌어.
그러고는 아저씨의 콧속으로 휙 날아올랐어. 콧속에 있는 털은 갈대숲 같았어.
털에 붙은 온갖 세균이 연필호를 바라보고 있었어.
연필호가 털과 세균을 피해 목구멍 입구까지 왔어.
"다시 위로 올라가 아저씨의 입안을 조사해 봐야겠다."
박사님이 입 쪽으로 연필호의 방향을 돌렸어.

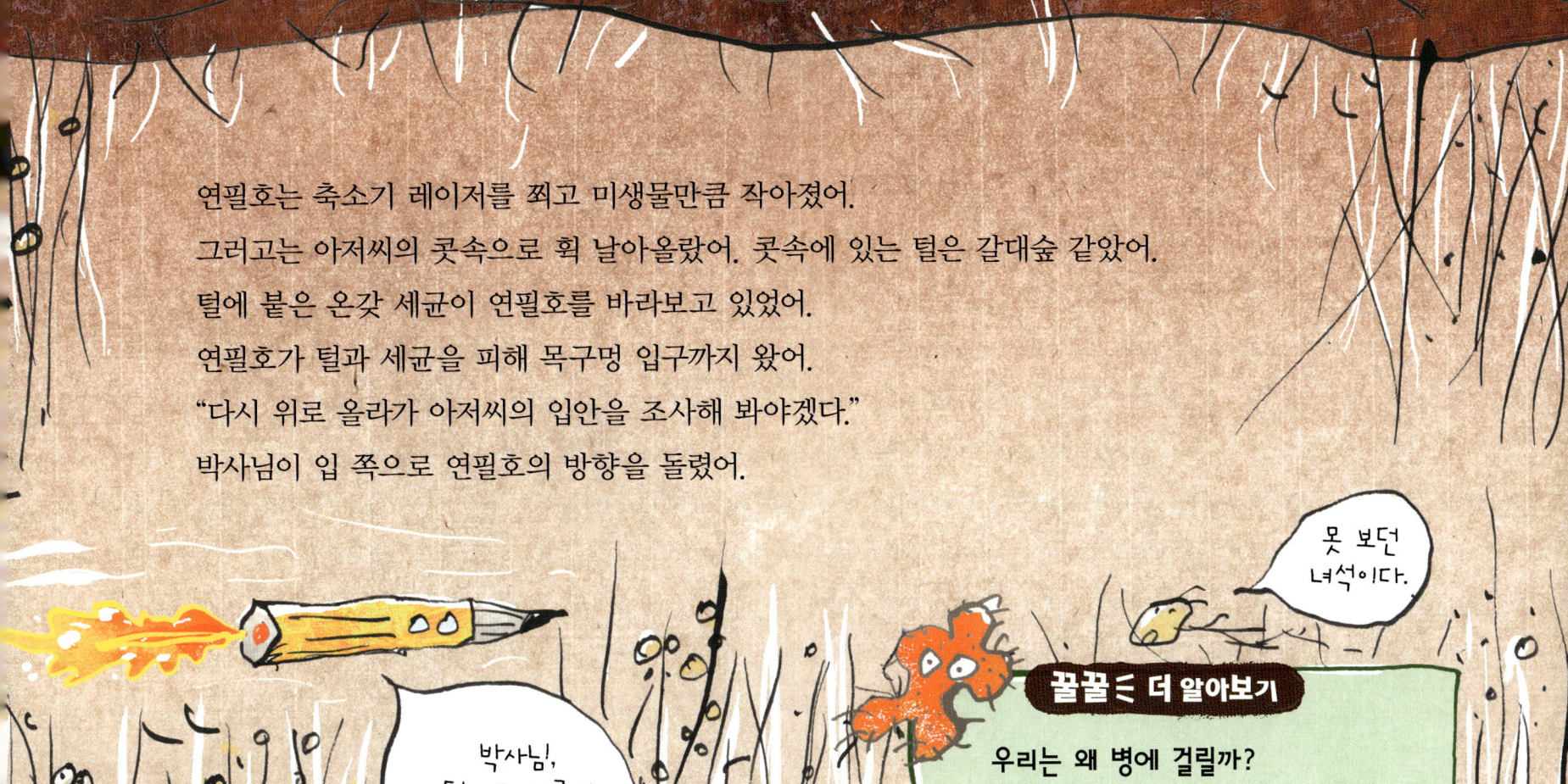

꿀꿀 더 알아보기

우리는 왜 병에 걸릴까?

세균 중에는 병을 일으키는 병원균과 그렇지 않는 비병원균이 있어요.

병원균은 우리 몸에 해로운 독소를 만들어요. 그래서 병원균이 몸속에 들어오면 아프거나 병에 걸려요. 병원균을 병균 또는 병원 세균이라고 불러요.

병원균은 어떻게 우리 몸속에 들어올까요? 병원균은 상처를 통해서 들어올 수 있어요. 약삭빠른 녀석들은 코털이나 속눈썹에 붙어 있기도 해요.

"어머. 이게 무슨 냄새야?"
데이지가 코를 막으며 얼굴을 찡그렸어.
아저씨의 입안에서 고약한 냄새가 진동했어.
심지어 괴상망측하게 생긴 세균들이 이 주위에서 연필호를 발견하고
벌 떼같이 몰려들지 뭐야.
"박사님, 어떡해요. 우리를 먹이로 생각하나 봐요."
도니가 겁에 질려 말했어.
그때 입안에 침이 가득 고이더니 거대한 파도처럼 연필호를 덮쳤어.
연필호는 '꿀꺽' 하는 소리와 함께 침 파도에 휩쓸려 목구멍 속으로 들어갔어.

안 되겠다.
빨리 도망가자.

꿀꿀 더 알아보기

세균이 가득한 입안

우리 입안은 세균의 천국이에요. 침이 나와 축축한 데다 음식이 수시로 들어와 언제나 먹이가 풍부하기 때문이지요. '퉤' 하고 뱉은 침 안에는 약 10억 마리의 세균이 들어 있어요.
입안에 사는 가장 악명 높은 세균은 '뮤탄스균'이에요. 이가 썩고 고약한 냄새가 나는 것도 이 녀석들 때문이지요. 뮤탄스균은 당분을 먹고 젖산이라는 산성 물질을 뱉어 내요. 젖산은 우리가 음식을 먹으면 금방 생겨나 이에 착 달라붙어 치아를 녹이기 시작해요. 그래서 음식을 먹은 뒤에는 곧바로 이를 닦아야 해요. 양치만이 입안의 세균을 없애는 길이랍니다.

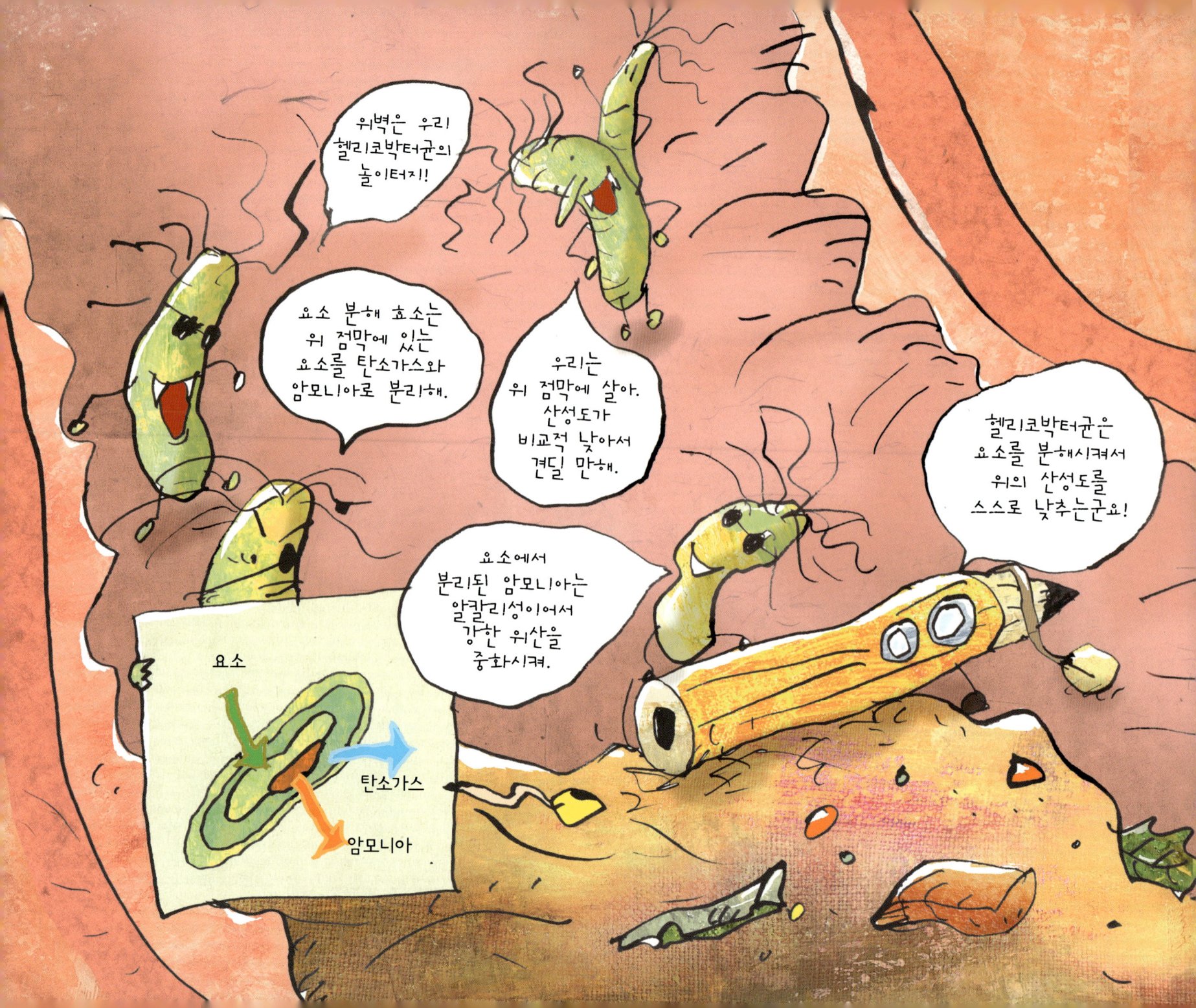

연필호는 식도를 거쳐서 위에 도착했어.
위는 깜깜하고, 반쯤 소화된 음식물이 늪을 이루고 있었지.
삼총사는 끈적끈적한 덩어리를 보고 겁에 질렸어.
"걱정 마라. 얘들은 적이 아니란다. 음식물과 세균을 녹이는 위산이야."
"그러면 나쁜 놈들은 어디에 있죠?"
도니가 주위를 두리번거리며 물었어.
"바로 저기 있잖니."
박사님이 가리키는 위벽에는 초록색 헬리코박터균이
위액을 뒤집어쓴 채 위벽을 야금야금 갉아먹고 있었어.

"헬리코박터균이 죽을 때 안에 있던 요소 분해 효소가 모두 밖으로 나온단다."

"죽은 친구가 내놓은 요소 분해 효소 덕분에 우리가 살아남을 수 있는 거지."

꿀꿀 더 알아보기

위에 사는 나쁜 세균, 헬리코박터균

위는 강한 산성을 띠는 위액을 내뿜어요. 이 위액이 나쁜 세균들을 녹여 버리지요. 하지만 헬리코박터균은 위액에도 끄떡없어요. 오히려 위액을 뒤집어 쓰고 위 점막에 숨어 살아요. 헬리코박터균이 죽을 때 요소 분해 효소를 내놓는데, 이 효소가 위 점막에 있는 요소를 암모니아와 탄소가스로 분해하고, 이때 나온 암모니아가 위액의 강한 산성을 약하게 만들어 주거든요. 즉 죽은 헬리코박터균 덕분에 나머지 헬리코박터균들이 살아남을 수 있지요. 헬리코박터균은 위궤양과 위암을 일으키는 나쁜 세균이에요.

위를 빠져나온 연필호는 장을 향해 출발했어.
8.5미터가 넘는 장에는 병원균이 득실대고 있었어.
"저 녀석들이 아저씨 배를 아프게 한다는 거죠? 이런 나쁜 녀석들. 어서 무찔러요."
도니가 앞서 나아가려고 하자 박사님이 가로막으셨어.
"함부로 뛰어들어서는 안 된단다. 저 녀석들은 아주 무서운 독을 갖고 있는 데다가 전염성도 있어서 잘못하면 우리도 살아서 돌아가지 못해."
그때였어. 천둥소리 같은 큰 소리가 들렸어.
아저씨가 방귀 뀌는 소리였어.

가스 (방귀)

살모넬라균아, 신경 쓰지 말고 어서 먹어라.

꿀꿀 더 알아보기

장에 사는 미생물

장에는 약 500가지나 되는 세균이 100조 개가 넘게 살아요. 장에 있는 미생물은 음식물을 분해해서 소화를 돕고 독이 있는 물질을 분해해요. 방귀는 미생물이 음식을 분해할 때 생긴 가스가 항문으로 나오는 거예요. 이 가스에 '황'이 들어 있으면 냄새가 나지요. 장속에는 착한 세균인 유산균이 살아요. 유산균은 나쁜 냄새를 만들고 장속의 음식물을 썩히는 세균들을 꼼짝 못하게 만들지요. 또 나쁜 미생물로만 알고 있는 대장균은 사실 우리에게 꼭 필요한 일을 해요. 영양분이 우리 몸에 흡수되도록 돕거든요.

방귀 소리에 세균 부대의 시선이 일제히 연필호로 향했어.
"처음 보는 녀석들이 시끄럽게 구는군!"
몸집이 가장 큰 녀석이 앞으로 나오며 입맛을 다셨어.
"이건 또 뭐야. 제법 먹음직하게 생겼는걸."
"박사님, 어, 어떻게 좀 해, 해 보세요!"
겁에 질린 도니가 더듬거리며 말했어.
삼총사 일행은 순식간에 세균들에게 포위당하고 말았어.

그때였어. "와!" 하는 함성과 함께 수많은 병사들이 나타나 세균들을 공격하기 시작했어.
세균들은 꽁무니를 빼고 도망갔지.
"도대체 누가 이 많은 병사들을 보냈을까요?"
덜덜 떨던 꾸리가 마음을 가라앉히며 말했어.
"항체가 생긴 거란다. 아저씨 몸 스스로 면역 시스템을 가동한 거야."
박사님 말씀에 삼총사의 눈이 동그래졌어.

꿀꿀 더 알아보기

스스로 지키는 우리 몸

사람의 몸에 병균이 들어오면 백혈구가 우리 몸속의 병균과 전쟁을 벌여요. 예방 주사를 놓아 시들시들 힘이 빠진 병균을 몸속에 들여보내면, 세포는 '항체'라는 특별한 단백질을 만들어요. 항체는 힘도 세고 기억력도 좋아요. 그래서 다음에 똑같은 세균이 다시 쳐들어오면 단번에 알아보고 달려들어 싸우죠. 이것을 '면역 반응'이라고 불러요.

연필호는 아저씨가 똥을 누는 틈을 타 몸 밖으로 빠져나왔어.

"아저씨 똥 냄새가 너무 고약해."

광선총으로 몸이 커진 꾸리가 참았던 숨을 내쉬며 말했어.

"정말 고마워. 너희들 덕분에 살았어."

꼬질이 아저씨가 밝은 표정으로 인사를 했어.

"뭘요. 이 정도는 식은 죽 먹기인걸요."

도니가 으쓱거렸어.

사실 아저씨 몸 스스로 나은 건데, 그 사실을 전혀 모르시나 봐.

꿀꿀ミ 더 알아보기

미생물 덩어리인 똥

똥의 3분의 1은 미생물이에요. 똥 1그램 속에는 약 천 억 마리의 미생물이 들어 있지요. 똥을 닦을 때 미생물이 손으로 옮겨 묻기 때문에 똥을 눈 뒤에는 반드시 손을 씻어야 해요. 똥에 있는 나쁜 미생물이 또다시 몸속으로 들어가면 큰일이니까요.

갑자기 박사님이 꼬질이 아저씨 몸에 소독약을 잔뜩 뿌리셨어.
그러고는 아저씨 집에 출입 금지 테이프를 친 뒤, 아저씨에게 진지하게 말씀하셨어.
"내가 허락할 때까지 집 밖으로 한 발짝도 나오면 안 되네."
박사님은 어두운 표정으로 꼬질이 아저씨의 똥 덩이를 들고 사라지셨어.
온종일 보이지 않으시다가 거의 저녁 무렵에야 박사님이 돌아오셨어.
"휴, 다행이다. 전염병은 아니야."
아하! 박사님은 여태 꼬질이 아저씨의 똥을 연구하고 계셨던 거야.

다행히 전염병은 아닌 것 같군.

꿀꿀 더 알아보기

무서운 전염병

전염병은 병에 걸린 사람에게 있던 병원균이 다른 사람에게 옮아가서 똑같은 증상을 앓게 하는 병이에요. 그래서 사람들이 많이 모인 곳에서 전염병이 돌기 시작하면 걷잡을 수 없지요. 14세기에는 페스트균이 일으키는 전염병인 페스트(흑사병)가 유럽에 퍼져, 유럽 인구의 4분의 1이 목숨을 잃었어요. 그 밖의 전염병으로 콜레라, 장티푸스, 결핵, 탄저병 등이 있어요.

이번에는 도니가 몸이 아팠어.
목이 따끔거리고 콧물이 줄줄 흘러내렸어.
겨우 학교에 갔지만 콜록콜록 기침이 나기 시작했어.
"감기에 걸렸구나. 병원에 가서 주사 맞아야겠다."
방글이 선생님이 걱정스럽게 말씀하셨어.
"아, 아니에요, 감기 아니에요."
도니는 주사가 무서워 괜찮은 척했어.
하지만 다음 수업 시간에 열이 높이 올라 조퇴를 했지.

몸속에 바이러스 수가 늘어나면 뇌가 명령을 내려 온몸에 열이 나게 해. 열이 나면 바이러스 수가 줄어들지.

아직 모든 바이러스를 예방할 수 있는 약은 없단다.

하지만 계절성 독감은 예방할 수 있어.

꿀꿀 더 알아보기

인플루엔자 바이러스

독감은 감기와 다른 병이에요. 독감은 감기 증상보다 심하고 고열과 근육통을 동반해요. 독감을 일으키는 것은 '인플루엔자 바이러스'예요. 독감이라고 하면 대수롭지 않게 생각할지 모르지만 매년 세계 인구 중 수만 명이 독감으로 목숨을 잃을 정도로 위험해요.
면역력이 약한 노인과 어린이는 반드시 예방 접종을 받아야 해요.

"곰팡이가 없으면 치즈를 만들 수 없어."

도니는 집으로 가던 길에 박사님 연구실에 들렀어.
연구실에는 마침 데이지가 와 있었어.
데이지도 학교를 결석하고 이곳에 와 있었던 거야.
"너도 어디 아픈 거니?"
도니의 질문에 데이지는 대답 대신 팔을 올려 보였어.
얼마나 박박 긁어 댔는지 벌겋게 부어올라 있었어.
"집 곰팡이 때문이래."
빨간 얼굴로 데이지가 대답했어.

"곰팡이 같은 미생물을 이용해서 발효 식품을 만들 수 있단다."

푸른곰팡이 : 치즈를 만들어요.
효모(뜸팡이) : 술과 빵을 만들어요.
누룩곰팡이 : 간장, 된장을 만들어요.

꿀꿀≶ 더 알아보기

곰팡이란?

곰팡이는 생활 속에서 흔히 볼 수 있는 미생물이에요. 따뜻하고 습기 많은 곳을 좋아하여 욕실이나 지하실, 부엌에서 쉽게 발견되지요. 곰팡이는 동물이나 사람 몸에 살기도 해요. 곰팡이에 감염되면 무좀이나 피부 알레르기 또는 호흡기 질환이 생기기도 해요. 하지만 우리에게 이로운 곰팡이도 있어요. 예로부터 우리 조상은 곰팡이를 활용해서 음식을 만들었어요.

잠시 뒤 박사님이 약을 들고 들어오셨어.

"꼭 먹어야 해요?"

도니와 데이지가 얼굴을 찡그리며 동시에 말했어.

"걱정 마라. 이 약은 달콤해서 먹기 쉬울 거야.
그리고 이번 기회에 예방 주사도 맞도록 하자."

박사님이 빙그레 웃으셨어.

"아이참. 혹 떼려다 혹 붙였네."

주사가 맞기 싫어 박사님 연구실에 들른 도니가 고개를 푹 숙이며 말했어.

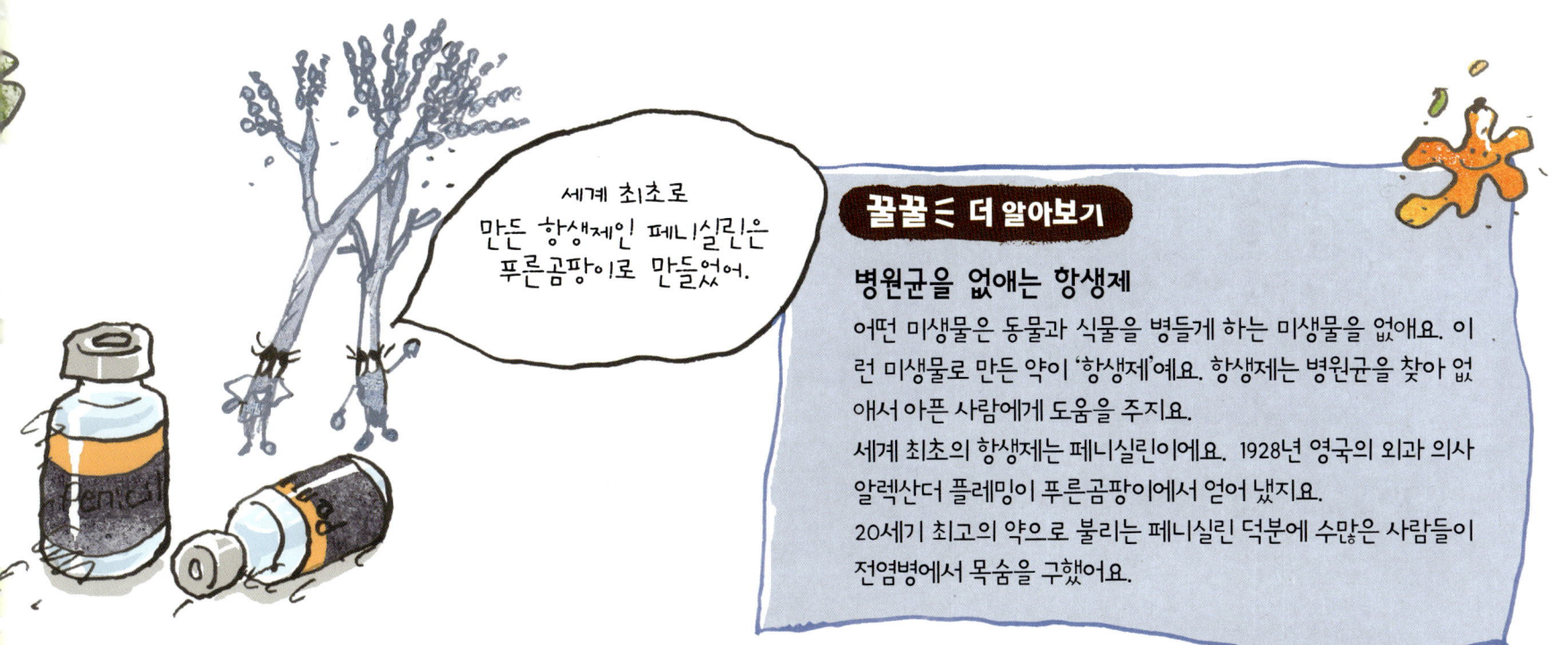

세계 최초로 만든 항생제인 페니실린은 푸른곰팡이로 만들었어.

꿀꿀 더 알아보기

병원균을 없애는 항생제

어떤 미생물은 동물과 식물을 병들게 하는 미생물을 없애요. 이런 미생물로 만든 약이 '항생제'예요. 항생제는 병원균을 찾아 없애서 아픈 사람에게 도움을 주지요.

세계 최초의 항생제는 페니실린이에요. 1928년 영국의 외과 의사 알렉산더 플레밍이 푸른곰팡이에서 얻어 냈지요.

20세기 최고의 약으로 불리는 페니실린 덕분에 수많은 사람들이 전염병에서 목숨을 구했어요.

식탁에 된장찌개와 김치, 우유, 치즈가 놓여 있었어.
"감기 때문인지 밥맛이 없어요."
도니가 딴청을 피웠어. 사실 반찬이 마음에 들지 않았거든.
"우리 몸을 건강하게 만드는 미생물 음식이란다.
모두 발효 음식이지. 입맛이 없어도 먹어 두렴."
박사님의 말씀에 도니가 밥 한 그릇을 뚝딱 비웠어.
"얘들아, 내 몸속에 들어가서 나쁜 균들을 모두 처치해 줘."

냄새는 좀 나지만 건강에는 최고!

1. 삶은 콩에 짚을 군데군데 꽂아요.
2. 보자기를 덮어 따뜻한 곳에 놓아두어요.
3. 사흘쯤 지나면 맛있는 청국장이 만들어져요.

우리가 만든 청국장이야.

고초균

우리는 짚풀에 많이 살아.

꿀꿀 더 알아보기

건강한 음식, 발효 음식

음식을 오래 놓아두면 미생물이 달라붙어 변해요. 이때 우리 몸에 이롭게 변하는 것을 '발효'라고 하고 독을 만들어 내어 우리 몸에 해롭게 변하는 것을 '부패'라고 해요.
전통 음식 중에는 발효 음식이 많아요. 된장과 고추장, 김치가 모두 발효 음식이지요. 서양에서 즐기는 요구르트와 치즈도 우유 발효 식품이에요. 발효 식품은 맛도 좋고 영양도 풍부하며 나쁜 미생물을 없애 줘서 건강에도 아주 좋아요.

식중독으로 고생한 꼬질이 아저씨가 연구실에 들르셨어.
"이 세상에 미생물이 모조리 사라졌으면 좋겠어요."
"이로운 미생물까지 죽으면 안 될 일이지."
꼬질이 아저씨 말씀에 박사님이 고개를 저으며 말씀하셨어.
"미생물이 없으면 지구는 죽은 생명체가 썩지 못해서 쓰레기별이 될 거예요!"
꾸리가 손을 번쩍 들며 말했어.
"그래, 그렇지. 생명체를 썩히는 것도 바로 미생물이란다."
박사님이 흐뭇하게 웃으시며 말씀하셨어.

얘야, 우리는 생태계를 돕는 중요한 존재란다.

맞아요! 우리가 없으면 지구는 쓰레기 천지가 될 거예요.

꿀꿀 더 알아보기

서로 돕고 사는 생태계

식물이 먹는 땅의 영양분, 우리가 먹는 맛있는 발효 식품, 모두 누가 만들어 주는 것일까요? 바로 미생물이랍니다. 심지어 미생물은 죽은 동물과 배설물을 분해해서 환경을 깨끗하게 만들어 주기도 하지요. 이처럼 미생물 없이는 생명체가 지구에서 살아갈 수 없어요. 그럼 미생물은 혼자서 살 수 있을까요? 그렇지 않아요. 죽은 동식물과 배설물은 미생물의 먹이가 되고 우리의 몸도 미생물이 살 수 있는 좋은 환경이 되지요. 이렇게 서로가 없으면 살 수 없는 미생물과 우리는 사이좋은 공생 관계랍니다.

일주일 뒤, 꼬질이 아저씨가 딴사람이 되어 나타났어.
"꼬질이 아저씨 맞아요?"
놀란 삼총사가 동시에 외쳤어.
아주 깨끗해진 꼬질이 아저씨는 몰라볼 정도로 달라져 있었어.
"헤헤. 나도 이제 나쁜 세균 말고 착한 세균이랑 친구 하려고."
아저씨가 웃으며 말씀하셨어.
"그래요. 우리 착한 미생물과 친구처럼 지내요."
야무진 데이지의 말에 모두가 빙그레 웃음꽃을 피웠어.
비록 눈에 보이지 않지만 미생물은 우리와 함께 살아가는 소중한 친구야.

새로운 미생물이 발견되었다.

노래를 들어 봐요 ♪

용감한 돼지 삼총사와 떠나는 창의적 수학 교과서
돼지학교 수학

돼지학교 수학 시리즈는 초등 수학의 다섯 가지 영역인 수와 연산, 도형, 측정, 규칙성, 확률·통계의 기초를 다지면서 여러 가지 현상과 생활이 연결된 수학적 의미와 수학의 역사, 수학자 이야기, 생활 속 수학 등을 스토리텔링 방식으로 익힐 수 있게 구성된 수학 책입니다. 돼지 삼총사와 함께 떠나는 신 나는 수학 여행! 그 속에서 여러 가지 미션을 수행하며 자연스럽게 창의적 문제해결 능력을 키울 수 있습니다.

> 한 권 한 권 읽을 때마다 수학 지식이 차곡차곡!

> 실생활 속 숨어 있는 수학 원리가 머리에 쏙쏙!

> 돼지 삼총사와 떠나는 모험으로 수학적 문제해결 능력이 쑥쑥!

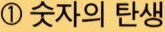

① 숫자의 탄생
② 고대 숫자
③ 약수와 배수
④ 분수와 소수
⑤ 사칙 연산
⑥ 다양한 연산법
⑦ 평면도형
⑧ 입체도형
⑨ 다각형
⑩ 원과 원주율
⑪ 측정의 단위
⑫ 시간과 시각
⑬ 통계와 그래프
⑭ 확률
⑮ 함수
⑯ 비와 비율
⑰ 집합
⑱ 자연 속 수학
⑲ 예술 속 수학
⑳ 역사 속 수학

용감한 돼지 삼총사와 떠나는 창의적 융합과학 교과서
돼지학교 과학

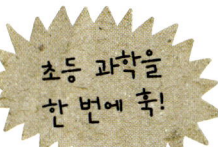
초등 과학을 한 번에 훅!

초등 과학의 네 가지 영역인 생명, 지구와 우주, 물질, 운동과 에너지 분야를 모두 학습할 수 있도록 구성되었습니다.
꼭 알아야 할 초등 과학 지식을 주제별로 한 권에 하나씩 담아 초등 과학 과정 전체를 선행 학습할 수 있게 도와줍니다.

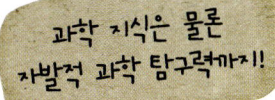
과학 지식은 물론 자발적 과학 탐구력까지!

다양한 모험 속에서 돼지 삼총사가 여러 가지 미션을 수행하는 과정을 통해 초등 과학 지식뿐만 아니라, 어린이들이 그 지식을 바탕으로 좀 더 깊고 넓게 학습할 수 있는 자발적 과학 탐구력까지 길러 줍니다.

전문가의 손길이 닿은 정확한 내용

한 권 한 권마다 그 분야 전문가들의 철저한 감수를 통해 정확한 과학 지식만을 전달하고 있습니다.

① 똥 속에 빠진 돼지 소화와 배설
② 우주로 날아간 돼지 태양계와 별
③ 물 속에 빠진 돼지 물의 순환
④ 빛 속으로 날아간 돼지 빛과 소리
⑤ 뇌 속에 못 들어간 돼지 뇌의 구조와 기능
⑥ 뼈 속까지 들여다본 돼지 뼈의 구조와 기능
⑦ 달에 착륙한 돼지 지구와 달
⑧ 구름을 뚫고 나간 돼지 날씨와 기후 변화
⑨ 줄기 속으로 들어간 돼지 식물의 종류와 한살이
⑩ 개미지옥에 빠진 돼지 곤충의 한살이
⑪ 갯벌을 찾아 나선 돼지 갯벌의 동식물과 생태
⑫ 자동차 속으로 들어간 돼지 교통수단의 발달과 원리
⑬ 미생물을 먹은 돼지 미생물의 종류와 하는 일
⑭ 땅속을 뚫고 들어간 돼지 지층과 화석
⑮ 알을 주워 온 돼지 알과 껍데기
⑯ 열 받은 돼지 핵과 에너지
⑰ 로켓을 버리고 날아간 돼지 로켓과 우주선
⑱ 고래를 따라간 돼지 고래의 종류와 생태
⑲ 마술 부리는 돼지 산과 염기
⑳ 로봇 속으로 들어간 돼지 로봇의 원리와 하는 일